网球全能技术图解

主　编　宋　强

编　委　张志光　高　适　李致远
　　　　杨广宇　赵卫东　许　轩

北京体育大学出版社

策划编辑　佟　晖
责任编辑　佟　晖
审稿编辑　鲁　牧
责任校对　末　茗
责任印制　陈　莎

图书在版编目(CIP)数据

网球全能技术图解/宋强主编．–2版．–北京:北京体
育大学出版社,2008.6
ISBN 978 – 7 – 81051 – 966 – 3

Ⅰ. 网…　Ⅱ. 宋…　Ⅲ. 网球运动 – 运动技术 – 图解
Ⅳ. G845. 19 – 64

中国版本图书馆 CIP 数据核字(2008)第 074151 号

网球全能技术图解　　　　宋　强　主编

出　　版　北京体育大学出版社
地　　址　北京海淀区中关村北大街
网　　址　www.bsup.cn
邮　　编　100084
发　　行　新华书店总店北京发行所经销
印　　刷　北京市昌平阳坊精工印刷厂
开　　本　787×960 毫米　1/16
印　　张　5

2008 年 6 月第 2 版第 1 次印刷　印数　4200 册
定　价　18.00 元
(本书因装订质量不合格本社发行部负责调换)

目 录

握　拍

单手握拍／正手握拍击球

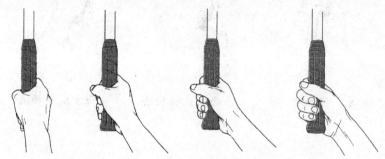

大陆式握拍法　东方式握拍法　半西方式握拍法　西方式握拍法

单手握拍／反手握拍击球

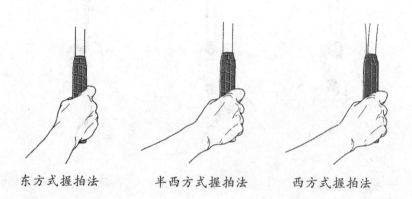

东方式握拍法　　半西方式握拍法　　西方式握拍法

双手握拍／正手握拍击球

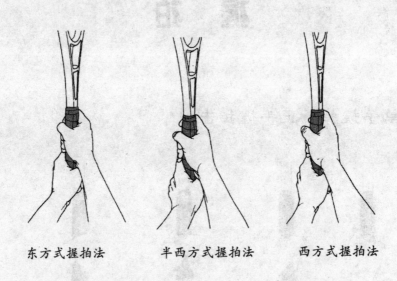

东方式握拍法　　　半西方式握拍法　　　西方式握拍法

双手握拍／反手握拍击球

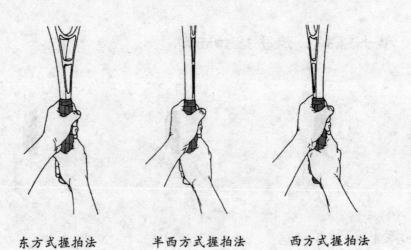

东方式握拍法　　　半西方式握拍法　　　西方式握拍法

准备姿势

双肘轻贴
在腰部

·手放松握
住球拍
·一般用左
手支撑球拍
·等球时不
要握拍过紧
·身体放松

膝部放松

两脚间距
比肩稍宽

准备姿势（正面观）

拍头向上，眼睛盯住球。

屈膝有利于启动

五种基本技巧

·眼睛不要离开球。

·脚要快速移动去击打球并且快速回位。

·保持低重心，抬头，平衡要好。

·控制好球拍的后引、前挥和击球。

·要知道打高的和有角度的球时拍面和球的接触点。

准备姿势（侧面观）

正手击球

正手击球技术是网球技术的基础，同时也是一项最重要的技术。现代网球运动的底线回合中，正手击球技术是多数高水平运动员控制比赛的手段。利用正手将对手控制在一定的节奏和空间内，从一开始就控制比赛的主动权。

正手击球的攻击性取决于以下几个因素：

1. 击球的深度

将球打深是有其战略意义的，是贯彻练为战指导思想的具体体现。球打得深，球飞行的时间长，能有较长的时间为还击对方击来的球做准备，是使自己摆脱被动争取主动的好方法；球深，球的弹跳越过端线，迫使对方在端线后击球，为对方上网截击增加了困难；深球可以缩小对方回球的角度，缩短自己左右奔跑击球的距离，减少击球的难度，提高击球的命中率。

2. 击球的角度

打角度大的球，其主要目的在于提高击球的攻击性。因为角度大可以调动对方，尤其是大角度的斜线球，能将对手拉到边线外，使对方场上出现空当，从而攻击空当得分，大角度球有时能直接得分，特别是在破网时打出角度大的球效果更明显。

3. 击球的速度

加快击球速度的目的是缩短对方观察、判断、分析、选择及运动击球这一"连锁"的时间，给对方造成匆忙、勉强、被动的还击，从而使击球的命中率降低和击球的威胁性减小。

4. 击球的力量

要想增加击球的力量，就必须从以下几点做起。

（1）注意身体的力量练习，使腿、腰、臂的力量不断增加，并在整个击球过程中，能做到各部分力量协调配合，爆发用力。

（2）击球时拍面应尽量保持垂直，减少对球的摩擦，力量完全用在打击球上。

（3）击球时引拍动作稍大些，增加球拍前挥的加速距离，在球拍向前挥动速度最快时击球。

（4）要选择合适的击球点，即在你球拍前挥速度达到最快，整个身体感到最舒服的那个点击打。

（5）整个击球过程中，全身肌肉不要太紧张，以免影响肌肉的收缩发力效果。

5. 击球的旋转

练习者击球时，球拍给球的作用力线不通过球心时，球就会产生旋转，旋转的球在空中飞行的弧线、落地后弹起的弧线与不转球不一样，我们研究击球的旋转，目的一是要利用它，二是会对付它。

在网球运动中常见的旋转有三种：第一种是上旋球，它是由球拍稍前倾，从下向前上擦击球的中上部而产生的。这种球的特点是在空中飞行时下落比较快，落地后向前冲，弹得低而快。第二种是下旋球，它是由稍后仰的球拍从上向前下擦击球的中下部而产生的。这种球的特点是落地后弹得高，球不往前走。第三种是侧顺旋和侧逆旋，它是由侧后仰的球拍由左后上或右后上向右前下或左前下擦击球的左中下或右中下部而产生的。它的主要特点是落地后向左、右两侧跳。

旋转的作用是利用旋转制造合适的击球弧线，提高击球的命中率；另一点可利用旋转的变化干扰、破坏对方的击球，使对方击球失误。

提高击出旋转球的能力要通过用力摩擦球的方法来实现。对付旋转球要视旋转种类区别对待，截击下旋球拍面要稍后仰些，以防下网；抽击下旋球要多向上用力，弧线高点；遇到侧逆或侧顺旋球，要降低重心，球拍在正常弹跳的右侧或左侧等球。

正手击球

4
球拍触球后，为了把球推向前方，大幅度地做随球动作。

5
不是从右向左挥拍，而是使球拍顺着能上挥到头部正前上方的轨迹运行。

6
右肘抬到头部高度后结束随球动作。

1
拍头高举，以
便在高处击球。

2
预先让腕
部放松。

3
击球时，膝
关节要蹬直。

要点

● 引拍时重心放在击球手臂的同侧，
并且要保持一定的停留时间。

● 击球时，时刻都在保持平衡。

● 身体的紧张度要合适，发挥鞭打
的作用。

● 发力击球，最重要的是掌握好发
力的节奏。

准备姿势

　　面对球网，双脚开立，略比肩宽，膝部放松，上身稍向前倾，重心稍放在脚尖上。右手轻握拍柄，左手扶住球拍，球拍置于肚脐与胸的高度之间。两肘轻触腰侧部，目光注视着球。重要的是身体要放松，肩部和握拍要放松，过于用力就无法顺利地进入挥拍动作。要根据来球迅速地做出反应，判断是正手球还是反手击球，要能随时进行跳跃动作。

引拍动作

　　当你判断对方打来的球是你的正拍时，你就要迅速向后拉开球拍转动双肩，重心后移，左脚前踏，左肩对网，左脚与底线约成45度角，右脚与底线平行。左臂屈肘前伸协助转体与身体平衡。当右手引拍到两肩在一条直线上的时候，拍头向上略高于手腕，拍面要保持开放，拍头指向身后，肘关节保持90度~120度。

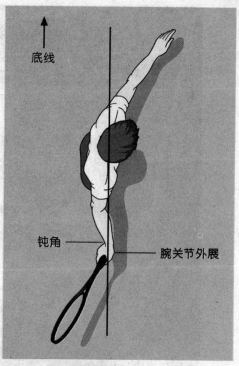

底线

钝角 —

腕关节外展

左手指向来球，双眼盯住来球——休伊特的引拍蓄势待发。

动态平衡是一种最重要的平衡——库尔尼科娃开放式击球的完美平衡。

前挥动作

向前挥拍时，球拍应不低于手腕的高度，并尽可能水平地挥拍。如能以手腕带动手臂（与由后向前拉门的感觉相似），就可以提高稳定性。此外，即使是手腕固定，也要放松地握拍，在击球的一瞬间再全力地握紧，球不是被球拍挥抢击出去，而是要有推打的感觉，所以，拍面、手腕、肘是向着打球的方向平行地运动。

前臂与手腕不要动，肘关节与腕关节保持水平。

击球动作

尽量使球拍与球有较长时间接触

击球时以肩关节为轴，手腕要关闭（不要动），用大臂挥动带动小臂、手腕及球拍，球拍面在整个击打过程中应保持与地面垂直或者略开一点，球拍从后引开始到向前挥击应是一个完整动作。要尽量使拍和球有较长时间的接触，以控制球飞进的方向。从感觉上说，似乎是向前推送击球，但不要弹击动作，当球拍击中球的瞬间应该是球拍的"甜点"（网球拍的中点），击在球体水平轴的后部。

正手击球时，小威廉姆斯主要依靠腿部、胸部和躯干的力量来击球。

随挥动作

　　球拍向着打球的方向自然挥出。随挥后，下巴或右脸颊应能贴到右肩，眼睛盯住球，不要仰头，脸保持向前的状态，待双臂挥动至脸部正面并完全伸直时，随挥动作即为结束。这时的身体重心，从右脚完全移到左脚，身体面向打球的方向，将球拍收回，进入再次击球的准备姿势。

随挥结束后肘向前

● "自下而上"：手及球拍所经过的是自下而上的挥拍轨迹。

●击球点的位置：击上旋球最理想的击球点是在身体侧前方，相当于腰部高或略低于腰部的位置上。

●到达击球点时的拍面：击上旋球时，拍面在击球点的位置上是稍向地面倾斜的。拍面打开上仰，则球要往天上飞；拍面关得太厉害，则容易下网。

●前挥击球肘部弯曲：前挥击球时肘部要保持弯曲、角度牢固并收近身体，目的是为了缩短身体转动的半径以便发力。

●击球的力量来源：由后摆拍转至前挥击球，在这一过程中，屈膝、蹬地和来回转体所产生的身体惯性才是发力的根本。

当对方上网截击时，利用比网高出 10 厘米的上旋球可以使球落在对方脚附近，使他难以回击。即使能回击，也只能从下往上打，不能用很大力。利用上旋还可以击出大角度的近边线球，使对方球员疲于奔命。

　　由于强烈的上旋球触地弹起后球速比接触地面前更快，所以只有用上旋球才能进行进攻性比赛。世界级优秀选手如球王博格、康纳斯、劳埃德、穆斯特、布尔格拉、纳达尔都是擅长正手击强烈上旋球的。

　　对于如何使球产生上旋，在过去的网球专著中大部分强调球拍在击球时做包卷动作，强调球拍与球接触过程中，由前臂和手腕用力向前上方提拉，使球与球拍的摩擦面从球的后部移到球的顶部，从而产生上旋，这种讲法是不对的。

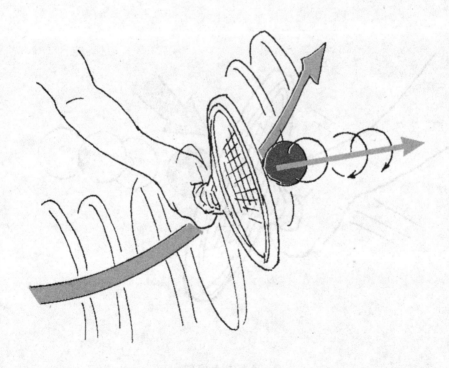

击上旋球的挥拍轨迹

世界著名网球教练维克·布雷顿研究了用高速摄影机拍摄下的图像，发现拍与球的接触是十分短暂的，拍头从来也不翻滚过球。上旋的产生来自由下而上的挥拍，以及拍面在击球时保持垂直。强行用手腕动作来施加上旋力是不必要的，这与打乒乓球有很大区别，乒乓球球速相对较慢，拍面贴有软软的海绵或橡胶粒，球与拍面接触时间较长，加上乒乓球很轻，手腕动作及拍的包卷可以使球产生强烈上旋。因此，不宜把乒乓球的击球动作用在网球运动上。

　　其实击上旋球时，拍子是与球的后下部接触的。拍头一般低于来球，然后向前上方运动，与球后部靠下的部位相碰。特别是击倾斜下落的来球，拍面必须稍微向上迎上去。

迎上击上旋球

旋转的目的是使球以较大的弧度飞行，使击出的球有力，但不出界。应注意的是，不应使球旋转过分，这样做会削弱击出的球向前的力量。一般地，来球若高于腰部，需减少旋转或平击；来球低于腰部即低于网的高度，则需要提拉。提拉时，要给球以某种作用力，使它在飞行中往下沉，上旋能起这种作用，所以应以上旋球对付。

上旋球有三种非常重要的用途：

用于大角度击球

大角度击球使用更多的旋转，可以使球飞过网后，落在边线以内，而不至于因用力而击球出界。

用于"破网"

在对方上网截击时，使用上旋球可使球擦网而过，使对方难于回击；或者令球落在对方球员的脚前，迫使对方在低于网的高度击球；或者采用旋转控制落球点，使对方难以击到球。而旋转本身又使对方难以控制球。

用于前场击球

在发球线前面击球，与后场击球不同，场区实际上缩小了，因此必须采用更多的上旋，以免击球出界。

记住，旋转不是用手腕，而只是臂向前击球时做转动的结果。不要有意用拍去"擦"球，击球应该是简单和直接的。

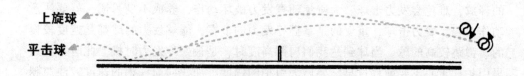

上旋球

平击球

平击球与上旋球飞行路线之比较

正手击球关键点

1. 重 心

在开始击球时，人的注意力多用在手上，腿部膝关节弯曲不够。在引拍时，首先要强调将重心放在击球手臂的同侧，并且要保持一定的停留时间；击球时要将注意力首先放在腿上，重心从后向前转移；在击球时膝关节要蹬直，如果膝关节没有伸直，说明只用了手臂的力量，击球必然无力。

2. 平 衡

在击球时我们时刻都在做保持平衡的动作，而起平衡作用的不仅是两个脚，我们的非执拍手，我们的头部都是非常重要的。在正手击球向后引拍时，非执拍手要与执拍手同时向后，这样便于使身体转动到位，更好地用身体打球，而不只是用手臂打球。头部涉及的主要是何时转动的问题。当球落到本方场地后一直到挥拍结束，头部都应保持在眼睛盯球的位置，而不是随球转动，头部的随球转动会使身体移动的方向与击球方向不一致，导致在击球时不敢发力或发力失误。

3. 放 松

放松是我们习惯的说法，严格地讲应是身体的紧张度。当球打过来时，人们很自然地就会紧张起来，这是人的一种本能反应。但要用科学的，符合人体生物力学的方法去击球，发挥鞭打的作用，就必需使身体的紧张度合适。当我们引拍时，一般认为只要用你2~3分的力量就够了。

4. 发 力

虽然是在开始学习阶段，不易大力击球，但由于人们对速度的追求，对能量的释放，难免会发力击球。为避免随意发力破坏动作，养成不良习惯，就要注意动作要领。发力击球，重要的是掌握好发力的节奏，能够发力的球都是速度较慢的、弹跳较高的球。当球到达我们肩部高度时，是最好地发力时机。此时不要过早引拍，重心不要前移过早，要增大引拍的幅度，加快向前挥拍的速度，注意腿部击球时的蹬直等。

反手击球

（一）单手反拍上旋击球

换握球拍

在底线击落地球过程中，准备动作时一般都是正手握拍，这样持拍手的状态比较自然、舒服，况且正反手击球之间的换握过程在融入条件反射变为一种自动化的动作以后，是根本不会妨碍击球的。初学者若担心因来不及换握导致来不及击反手球而在准备时就用反手握拍，那么遇到正手球时不一样也要换握吗？

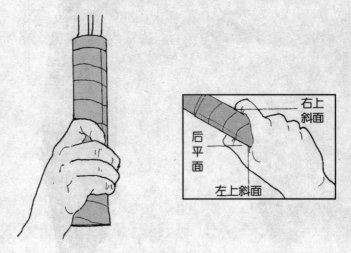

东方式反手握拍

若采用西方式握拍法，那么正手和反手握拍是没有区别的，不需要换握，而正手若采用东方式或半东方式、半西方式的握拍，则在击反手球之前必须有一个换握的过程，否则将无法击反手球。换握球拍一般在做反手后摆的过程当中进行，方法是由非持拍手辅助持拍手，使拍柄在手掌中做逆时针方向旋转（右手持拍是如此，左手持拍则相反），完成换握。此动作极细致、极敏捷，随着练习次数的增多，它会很自然地形成条件反射，击球者下意识地就可以完成它。

单手反拍击球的步法特点

单手反拍击球时，右脚要跨过左脚，保持背对来球，击球时重心在前脚。

单手握拍反手上旋球

单手握拍反手上旋球属于较高级的网球技巧。
如果掌握了这种击球方法，在攻击战中便能给对方以更大的压力。

3
伸展胸部做
随球动作。

在反手上旋球中若要打快
球，放松和寻找合适的击球
点是最重要的。擅长正手握
拍的运动员若掌握了反手上
旋球中的协调挥拍动作，也
能给对方带来不少压力。

2
球拍击球的瞬间，要
在从腰到胸的高度上
击球，注意球拍网面
不要抖动。

1
回撤球拍时，很关
键的两点是动作敏
捷和肘部放松。

網球全能技術圖解

后摆动作

　　在准备动作的基础之上，与持拍手同侧的脚向来球方向前跨半步至一步，同时以相异一侧的脚为支撑向后侧转体（肩、髋一体同时转），同时后摆球拍。后摆时手腕一定要坚固、稳定，哪怕紧张一些也好。不要认为辅助手是多余的而将其吊于体侧，应将其扶在拍体上协助持拍手抬起拍头，它对于协调转体与发力、掌握身体的平衡都具有重要的作用，这与正手相似。

　　后摆幅度皆要比正手稍大一些，因为反手是离心用力，对于许多腰腿部力量不足的击球者来说，更需要加大后摆幅度、加长加速度的过程来获取动力，而加大转体幅度则是加大后摆幅度的根本保障和真正的意义所在。

前挥击球

　　反手前挥击球过程中基本要点（如拍面、自下而上、重心由后脚移至前脚、蹬地发力等等）与正手的差异仍然不是很大，需要重点强调的是转体的问题。转体无论在正手还是反手击球过程中永远是第一位要做好的，后摆时转体到位只要开了个好头，前挥击球时能再转回来与球相对抗则更为重要。另外，单手前挥时持拍手仍要保持坚固、强劲及不折不挠的前挥势头，辅助手可留于身后像展开翅膀一样帮助身体掌握平衡，也可帮助持拍手扶住拍柄并在前挥时向前推送一下，把单手挥拍变为"半双手"挥拍。

（二）反拍削球

　　自初级到中级，再升到高级阶段，一定要学精通的就是反手拍削切球。这是在回击、上网攻击，或高缓球以至于来回对传击球时，无论使用于攻击或防御，优点都非常多的打击。

　　请抛弃掉觉得艰难的想法，以轻松的心情来认真学习，只要抓住要领就能很容易的学通，等到完全学精通反手拍削切球时，就能够在比赛中感到从未有过的无比快乐。

　　反拍削球是一项适用面相当广泛且经常令对手防不胜防的技术，只要来得及做准备，击球者几乎可以在网球场的任何角落运用此技术处理任何来球。相对于上旋球来说，因为下旋球是反向旋转的，所以球落地后有一种"弹不动"或"弹不起来"的粘滞感，这是它最具特点、最有利用价值的地方，无论击球者的意图是进攻、防守还是控制球路、调动对方跑位，下旋球都有它可发挥的天地。

1. 最适宜于防御

　　因反手拍削切球能取得较大的近网截击防守范围，所以被打到相当近边线时也不要紧，姿势不好不能十分顺势完成后续动作时，只要能使削切的拍面一致就能回击。此外，球反弹起来意外的跳得很远时，即使打击点落后，若是运用反手拍削切球，由于挥拍含盖的范围很深，所以能充分的予以回击，在没有充裕的时间回击时，就可以发挥效用。

2. 不必要用劲力

不管是上旋球或平抽球，通常在回击落地反弹球时，因为要挥拍到底，所以在容易扭转回上身的打击手腕动作，或向前推出球后续动作等，都必要用一定程度的劲力。但是，反手拍削切球挥拍就不必要用力，因为利用的是对手打球的力量。即使未挥拍到底，只要配合球的气势确实抓准时间打击，剩下来的就运球出去了，所以没有力气的女性也能简单的打击。

3. 容易控球

以上旋球及平抽球打击时，要控球在自己瞄准的角度及深度，并不那么容易。但是，要是以反手拍削切球，只要配合球拍面就可以，因此用多大的挥拍距离打球，球就飞多远，比较容易抓到球的距离感，最适宜于打击角度球及下坠球。

4. 最适于调整自己的速度

速度对反手拍削切球来说算是一项缺点，但是，由于滞留在空中的时间长，所以最适于调整自己的速度。在与对手快速连续对打中，用反手拍削切球打，就能有喘一口气的机会，可以当做调整速度使用。为制造以逸待劳展开攻击的机会，就照这样经常调整自己的速度。

5. 令对手感到棘手

再也没有像反手拍削切球那样，球路又低，反弹起来又刁滑得令对手感到棘手的打击。想要用上旋球回击，就非得用力由下向上挥拍一鼓气扬击；要用平抽球回击，则由于打击点那么低，发挥不了威力。而反手拍削切球只要球不漂浮，就不那么容易被攻击。记住，这样对付双手反拍对手特别有效。

6. 变化击球节奏

　　落地反弹球问题用同样模式是绝对不行，必须使用缓急交叉打击。对手比自己更高时，就更应该这样做。要动一点脑筋，发挥各种打击方式，打出令对手难以捉摸的落地球，这时候反手拍削切球很有效。

　　此外，不仅在单打，在双打回击时混合快速平击球和反手拍削切球，也会有意想不到的让对手乱掉攻击节奏的效果。老是以同样的打击方式打球，一下就会被对手看出破绽，在那种习惯性的状况下，就是再采取攻击策略，对对手来说仍很容易掌握动作的节奏，要得分就会陷于苦境。所以，为了不固定节奏让对手打到球，就要在连续对打击球中混合反手拍削切球。

1
大幅度往后拉球
拍，准备击球。

2
往下挥拍的一瞬
间，拍头向上。

反拍削球

3
当正遇上球时，用
力将球拍往下带，
给球加上旋转。

4
随挥动作从下
往上自然后摆。

（三）双手反拍击球

对于初学网球的练习者来说，通过一段时间的学习就会发现你的正拍技术比反拍技术好。即使是当今世界一流的网球运动员，他们的正拍也强于反拍。如果用两手握拍打反拍，不就等于用两个正拍击球了吗？也许就是因为如此，现在两手握拍打反拍的人越来越多。

由于用两手握拍，大大增加了腕力，克服了手腕摇动的弊病，提高了击球的准确性，同时对还击对方打来的攻击性的快速球和深球，有信心顶得住，而且可以成功地有力还击，扭转被动防守局面为主动进攻的局面，增加了主动进攻的战斗意识。因为击球点位置较靠后，再加上背向对网，有较好的隐蔽性，使对方很难观察出你挥拍动作及击球出手的角度，使对手不能及早预测和判断来球的方位、旋转及速度，造成对方心理上的不安，以致仓促还击。双手反拍能在击球的最后一刹那改变方向，从而增加了击球的隐蔽性。

两手握拍打反拍，从引拍开始就要两手同时动作，同时向前挥拍击球与随挥，与身体重心移动轨迹是一致的，于是就能充分利用转体的力量，把蹬地、转体和向前挥击的力量融会在一起，形成一个合力，通过两臂作用于球上，增加了力量的来源。另外，两手握拍力量大，手腕固定，可以用抖腕动作来还击，这样就调节和弥补了拉拍短促的不足，更有利于处理近身球，这些特点是单手握拍无法相比的，因此双手反拍比单手反拍有一定的优势。但也有不足之处，因为用两手挥击，左臂受身体的限制，影响了右臂的充分伸展，又由于击球动作结构的影响，击球点较近，拍子的随挥走向偏上一些，势必缩短了伸展的距离，缩小了击球的控制面，相对扩大了对方攻击的范围。必须加强身体素质的全面训练，特别要重视心理素质的训练，提高判断和预测的能力，做到早起动、步法正确、到位及时，否则就有可能被动挨打。

握　拍

双手反手握拍的基本方式，即右手采用东方式反手握法，左手采用东方式正手握拍法。右手在后，靠紧拍柄末端，左手在前紧靠右手，握在拍柄上。其特点相当于右手做反手击球，而左手做正手击球。

另有少数人习惯于正反手击球均采用双手握拍的技术，例如著名的网球运动员塞莱斯就是运用这种技术的。其握拍方法多为大陆式，正反手击球不换握法。

改变握拍

随着双手反手击球技术的进步，你可以试着采用东方式双手反手握拍法或大陆式双手反手握拍法。不握拍的另一手支撑住球拍，握拍的一手向内转。在右手上方将支撑手向下滑，形成左手东方式正手握拍姿势。

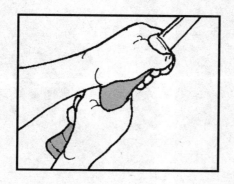

改变握拍姿势
转动握拍的手，使V字部位在拍柄的内侧。

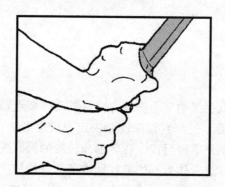

准备击球的握拍姿势
支撑手向下滑，使其依在握拍一手的V字部分上。

后摆动作

　　无论采用哪一种双手握拍反手击球方式，其动作要点都是后摆要早，这是成功完成反手击球的关键。一旦判断来球并决定用反手击球，就要开始向后收拍。收拍时要靠肩部的转动使手臂后拉，在转肩和转胯的同时变化握拍的方式，身体重心转移至左脚，屈膝为身体重心的前移做准备。球拍拉向后方并低于来球的高度，球拍底托正对来球，拍头基本与手腕高度一致。手腕要固定，手臂要放松，平伸向后。

前挥击球

　　右脚向来球方向——左前方跨出一步，开始向前挥拍。前挥动作要求平滑连贯，拍头稍微低于击球点，从腰部转动发力开始，手臂和手腕从低向高向前挥拍，身体重心前移，眼睛始终盯住球，保持低头姿势。击球点应稍前于右膝，在右胯前面。击球时双手紧握球拍，右臂伸直。击球时拍面垂直于地面。

在网球运动员中，每个人的基本技术并非都是均衡发展的。上网型打法的运动员对网前技术要求更高一些，而底线型打法的运动员则对底线技术要求更高一些。虽然各有侧重，但要打好网球，任何一项基本技术都不可偏废。在网球运动中，无论职业或业余的选手都会以对方反手位为主要攻击方向。一般地说，正手击球强于反手击球。为减少反手击球的被动性，提高反手击球攻击力度和稳定性，很多选手都选用反手双手握拍击球。从握拍方法来看，反手双手握拍实质上是两个正手拍，它可以像正手击球一样具有强大的攻击力。

1. 反手双手握拍击球优点

(1) 攻击力强

由于反手双手握拍，击球时有另外一只手扶持，可以抵挡住对方凶猛的来球，即使击球点靠后也能靠双手握拍击球弥补单手击球的不足。此外，双手握拍还可以在击球时固定拍面。

(2) 隐蔽性好

反手双手握拍击球时，击球点离身体较近，后摆时是背向球网，对手很难判断挥拍动作及击球的角度，从而有较好的隐蔽性。

(3) 准确性提高

双手握拍时，容易固定拍形，增强腕部力量，克服了单手握拍击球时手腕不稳的局限，使击球的准确性和攻击力增强，提高主动进攻的意识。

(4) 击球力量增大

反手双手握拍动作，向前挥拍与身体重心的移动是同向的，从而能充分利用转体的力量，增大击球力量。而且也有利于克服肘、腕领先的毛病，提高击球的准确性和攻击效果。

(5) 增强处理近身球和高球的能力

网球比赛以力量和准确性为本，以刁和巧为辅。球员以底线深球压制对手，调动对手大幅度地跑动，强迫对手退到场外，是击球的有效战术。而快速有力的近身底线深球和高球，往往造成对手还击不利，从而创造得分条件甚至直接得分。双手握拍打反手球，对于还击这种威胁大的底线近身的深球和高球要比单手握拍好得多。由于双手握拍力量集中，手腕固定，可以用抖腕动作还击，这样可以弥补后摆短促和高球不易用力的不足。这是单手握拍无法相比的。

2. 反手双手握拍击球不足

(1) 扩大了对方的攻击范围

由于用双手握拍挥击，手臂受到身体的限制，影响了另一臂向前的充分伸展，又因击球动作的影响，击球点较近，拍与手随挥走向偏上，因此造成整个前挥的距离短，缩小了击球的控制面，相对扩大了对方的攻击范围。

(2) 对脚步移动和判断能力的要求很高，不易掌握

因为击球点较近，所以要求提高应变能力和脚步移动的能力，保证准确到位。要求运动员必须加强身体素质的全面训练，特别是心理素质的训练，提高判断和预测的能力，做到起动早、移位迅速。

(3) 体力消耗较大

由于双手握拍击球点较近，使自身的控制范围相对缩小，而移动距离相对加大，跑动多了，自然体力消耗大。所以要保证强有力的反手双手击球，具备充足的体力是一个重要条件。

总之，网球基本技术的运用是根据战术打法、对手及自身情况而决定的。基本技术的掌握同样与自身条件有关，有些运动员由于身材、力量并不具备优势，而速度快、灵活性好，使用反手双手握拍击球更能发挥他的潜能。如网坛高手张德培、里奥斯两位就是例证。像桑普拉斯、科达这些身高力大的选手较适合于用单手反拍。单手反拍和双手反拍不能说哪种更好，哪种不好，其实这两种方法各有长处，只能说哪种技术更适合于你自己使用。一般地说，反手双手握拍击球可以弥补击球力量和稳定性的不足，使击球更具有攻击性。

不论双手反拍，还是单手反拍，反手位都将是被攻击的目标。所以提高反手技术水平，加强稳定性是非常重要的。

3. 反手击球关键点

(1) 击球点

反手击球无论是双反还是单反，击球点都较正手击球点靠前，这是由于解剖位置所决定，因为到了反手位击球肩从原来的后方移到了前方，击球点相应地一定会改变，但由于在我们的脑海里已习惯一个认为是合适的击球点的位置，所

以到了反手位，容易按照正手位击球时的习惯点去击球，导致反手击球总是偏晚，而我们在打不好球时又没有意识到是击球点出了问题。所以相应地就要早一点引拍。

（2）重 心

重心向前移动过早，不是在击球动作过程中向前移动，而是还没有向前挥拍就早早地把重心压在了向前的右脚上（以右手为例），导致没有利用重心向前移动地力量击球，也不能达到从下向上击球的最好效果，使球打的很平，制造不出上旋球。由于不能产生从下向上的力量击球，而又要把球打过去，就会产生我们通常说的"翻着打球的习惯"，使球难以控制。

（3）引 拍

在反手击球中，引拍不到位是普遍存在的问题，有人甚至认为，引拍到位就成功了一半，由于反手击球作出一定幅度的引拍多不习惯，所以会出现引拍不到位的现象。所谓引拍到位，就是要将球拍引到引不动为止，才能产生个人所能达到的最大力矩。

（4）转 体

要想让球产生充分向前的力量，就不能过早将身体转向正面，要想不过早的将身体转向正面，就要保持头部的稳定和右脚的不转动。一个明显的例子就是在击球过程中，右肩先碰到下颌，左肩再碰到下颌。

（5）随 挥

反手击球之所以无力或不敢用力，很大程度上是由于随挥不充分造成。在开始练习反手击球时，由于不熟练，很自然就是去碰球，球的控制是依靠力量的大小来控制，久而久之，就养成碰球习惯，力量大了，自然会出界。而随挥的充分，给球以充分的旋转，增加了安全性，用力充分也只是施加在旋转上。自然力量可以充分施展，安全也得以保证。

发球

掌握良好的发球取决于三个因素：一是速度，就是以较快的速度压制对方的有力还击，使对方的还击变得无威胁、无进攻性，甚至使对方直接失分。在比赛中发球时出现的"爱司"球，其最重要的因素就是速度；二是落点，落点之所以重要，因为它专门打在对方的最弱处，而避开其长处，使对方无论如何也打不出理想的攻击性球，甚至造成对方失误；三是旋转球，这种球速度不快，落点不刁，但由于它落地弹起后改变方向或弹跳又低又短，所以迫使对方跑动还击，而且又是从低处向上提拉或撮起该球，即使对方充分到位也只是勉强还击罢了，如稍有迟缓就可能失分或挑高球过网，给发球者提供进攻的机会。

1. 发球动作

抛球时，肩膀的垂线假设经过一个钟表面的12点，那么，左手抛球时，球的垂线经过钟面的1点位置。对于左撇子，球的垂线当然是经过11点位置。这个位置可能会因内发不同类型的球或落点的变化而变化。抛球点距你身体的距定约为45厘米。球抛的高度不要太高，只比你持拍全身舒展开时高出几厘米，即球刚落下来，你就要击球。如果你发出的球总是擦网或落网，那么你可以缩短抛球点与身体之间的距离；如果发球的落点太长，那么你就要适当增加这个距离。现在抛球的前后、左右、上下的距离都大致知道了，但要想真正发好球，还必须掌握以下要领：

抛球时，用手指托住球，而不是抓住球。球抛出后，尽量不使球旋转。如果有旋转，说明你的手指动作太大，应该像服务员托着盘子一样托着球。

击球时，确保右肘伸直，肘部应当在眼睛的上方，同时，头要抬起。这样做的目的是使球拍击中球的正确位置，减少击球的失误。

击球时，有个雕鹏的动作，尽量舒展身体（抬起脚趾或离地）。击球的动作要连贯协调。你的身体就像一根弹簧，发球的要把全身的力量都用上，才能使你的发球具有威力。

同时，球拍的握法为大陆式或东方式反拍握法。

一些人错误地认为发球时是从上往下扣压球，除非你的身高达到一定的高度，否则，决不是这样的。任何发球的南球点的位置都是在球的中部或中下部，这样可以保证球能够安全过网。

球拍的角度和抛球的动作可以影响球的方向，许多人是通过改变抛球位置的不同而使球的落点不同，而一些选手则可以不改变抛球位置，通过改变球拍的角度发不同落点的球。

2. 落点控制

一般发球的落点有三个：内角、外角、近身。落点的控制与发球战术策略有关，如发球上网型选手就喜欢发内角球。一般来说，根据对手的弱点选择发球的落点。外角——对于右手向正手的选手，在右区时，朝着对方的正手位即外角位置发球；在左区，朝着对方的反手位发球，目的是让对手离开场地，给你造成进攻赢球的机会。近身——迫使对手不能及时作出接球的反应。

另外，对于每一点，都可以发不同类型的球，如旋转、平击等。通过发不同旋转的球，打乱对手的脚步节奏，给对手增加接发的难度。

大家都希望自己发出的球个个都有威力，所以在击球时就不自觉地想将球大力强压过网，无形中增加了平击的成分。据计算，若想将球平击发过网并令其落在发球区内，那么击球点至少要达到 2.74 米的高度，也就是说击球者的身高至少要达到 1.80 米。这个高度很难真正体现到发球当中去了。所以，发球者最好不要在发球时太过于苛求平击平打，多加些侧、上旋是比较明智的，因为这样可以让球走一个弧形轨迹，利用弧顶的高度达到过网的目的，再利用余下半段的弧线达到令球落入发球区的目的，这样可以大大提高发球的成功率。

球拍的角度和抛球的动作可以影响球的方向，许多人是通过改变抛球位置的不同而使球的落点不同，而一些选手则可以不改变抛球位置，通过改变球拍的角度发不同落点的球。

训练要点：平时练习发球时，要强调几个要点：准确、落点、控制，而不是一味强调大力。你回以在各发球区内设置目标物（左、中、右各一个），对每个目标发 5 个球，只要求用 70%的力压，而不需要用全身的力量。第一发球要来只使用 70%的力量对着左目标发手击球；而第二发球则要来也使用 70%的力，对着右目标发旋转球。只有当较为圆满地完成要求时，才可以在力量上有所提高，即可以使用 90%的力。这样做的目的是循序渐进地在掌握发球技术的基础上，提高发球的稳定性。

第二发球的训练，要使你的第二发球同第一发球一样具有威力。训练要同样注意球的旋转和落点，左右区同样训练。也可以在发球区内设目标，目标可以设在发球线的内角或发球区残的中央、外解等位置上。训练时力争击中目标，这样可以确保发球落在发球区内。训练时首先不强调发球速度，而是要来控制球的旋转和落点。在心理上，你应该认为这是第二次发球，机会只有一次了，认真地做好每个动作，圆满完成任务。

平击发球

平击球虽然力量大，但命中率低，如果你的身材高大，可以借助高击球点的空中优势直接进攻对方，但身材矮小者或女子就不宜使用平击发球。平击球的击球点应在身体的前上方，击球的后上部，挥拍"鞭击"动作发力要集中，身体充分向上伸展可获得最高的击球点，以提高命中率。

4

利用从下往上的力量，两脚蹬地腾空，全身力量渐引至球拍。

5-6

将球在身体前方高处击出。击球时注意内转手腕。

1

封闭式站立，球
拍横握在身前。

2

上体转向侧面
后，高抛球。

3

重心移到左脚，身体
尽量下蹲，蓄积下半
身的力量。缓慢开始
引拍，准备充满活力
地一击。

要　点
●充分转体后停住
●放慢挥拍动作，高抛球
●深蹲、蓄积下半身力量
●充分利用了全身的力量

旋转发球

　　这是一种以上旋球为主，侧旋为辅的发球方法，球有个明显从上向下的弧线，命中率越高。所以目前被广泛采用，尤其是第二发球。抛球的位置比平击球偏左些，球拍沿球的右上方擦击，使球产生明显的右侧上旋球，球过网时较高但弧线飞入发球区，在力量不减的情况下伴随强力的旋转，造成对方回击的困难。

5
击球时就象
是只击球的
左侧一样。

6
运用快速的
内转腕动作。

4
挥拍要通过
耳朵近处。

1
全身放松，让肘
部先行、收身。

2
胸部扩展，将收身
动作放大。

3
让球拍充分朝
下，用力击球。

要　点
●首先让全身完全松弛
●收身时肘部先行
●胸部尽量扩展
●球拍充分朝下
●运用快速的内转腕部动作

45

切削发球的完整动过程

切削发球

这种发球实用并容易掌握，对初学者最适宜，削击发球也叫切削发球，是一种以右侧旋转（稍带上旋）为主的发球法，球抛在右侧前上方，球拍击球部位在球的右侧偏上方，整个挥拍动作是从右侧上方至左下方，使球产生右侧旋球，球的飞行路线是一条从右向左的弧线，以提高命中率，并可以把对方拉出场外回击（尤其在右区发球），这种发球的准确性高，常用于第二发球。

握拍

在切削发球时可以采用反手握拍或者中间握拍（在正手握拍和反手握拍之间的一种握拍）。

抛球

在平击发球时，您应该将球上抛到大致朝向右侧网柱的左脚上方；而在切削发球时，您则应该将球上抛到稍微靠右并且稍稍靠前的位置。

4　　　　　　　　　　5　　　　　　　　　　6

挥　拍

在切削发球时，您要做好和平击发球时一样的准备姿势。

从本质上说，切削发球的动作过程和平击发球的动作过程是相同的。

由于在切削发球时改变了抛球的方式，击球点也就移至更靠右的位置，因此也就很自然地改变了发球的动作，挥拍的弓形弧线也稍稍向右上方伸展，也就是说，上身朝向击球方向的转体得到了加强。此时拍面从背后左下方画出的弧线（图3）可以说是沿着对角线向右上方围绕着球的右侧延伸。在击球瞬间腕关节有意识的、整合的转动引起和支持了球拍的这种挥拍运动。

击　球

在击球时，上身正面向前（图4）。之后，运动员继续转体朝向击球方向（图5）。与此同时，运动员球拍按照改变之后的弓形弧线（与平击发球相比，球在更靠右的位置被击打）从身体前面沿着对角线直接向左侧髋关节挥出（图6）。

此外，在整个切削发球动作过程中，身体重心的转移、身体的参与和步法与平击发球相符。

发球容易产生的错误动作

(1) 过度紧张

发球队员为了主动进攻，都希望发上一个强有力的球以扼制对方，所以把重点放在用力上，从而忽视了放松，特别是右肩臂的过度紧张，造成整个发球动作僵硬，结果是发球无力，甚至失误。解决的方法是：当准备发球的时候，不要一味地想发出个"爱司"球，而要想一想对方的弱点是什么，用余光看一下对方的站位，以确定发球点，决定了就不再改变。要相信自己有百分之百的把握将球发向目标，然后自信而从容地进行发球。这样就可能发上一个颇具攻击性的理想球，迫使对方难于起拍进攻。对这种默念方式要养成习惯。

(2) 抛球不稳

抛球时手臂僵直，手部肌肉紧张，限制了手腕、手指的灵活性，没有靠手臂、手腕、手指的协调用力进行抛球，而是单靠手指的弹力进行抛球，容易产生抛球过低，或者使球离手后产生斜线向上，抛在了身体的后面或是在身体太前方。抛球动作与向后挥拍摆臂的动作不能协调一致也易造成抛球不稳。初学者发不好球多与抛球不稳有直接关系。解决的方法：进行左手专门抛球的练习，要注意动作的平稳、协调，左手将球送至最高点，手臂自然伸直再脱手，使球抛起的高度和左右前后的位置准确；左手抛球的同时增加右手的后摆举拍动作，把右肘抬平至肩高，拍头指向天，此动作要反复练习，达到又能抛准球的同时也能协调的后摆拉拍的动作定型；抛球与发（击）球结合练习，经过不断地体会动作，打准球的合理部位，逐步调整击球动作，把球发准，再增加力量和旋转。

(3) 击球点不准

造成击球点不准的原因是：抛球不稳；抛球动作与持拍手的后摆动作不协调；挥拍动作不正确时勉强击球，最容易造成击球点不准，从而使发球失误。解决方法是：必须学会抛球，抛稳球；加强抛球动作与后摆动作的协调；掌握正确的挥拍动作。严格地说，抛球不稳，挥拍动作的感觉不好时，不要击球，而是进行再次抛球，挥拍，以在准备的击球点处击球，提高发球的质量和效果。

(4) 击球动作不完整

凡是有随挥动作的发球方式，都要求动作完整，否则就会影响发球的效果。如大力平击发球，拍子击中球之后没有经身体左侧挥向身后，而是将动作结束在左前方，这样不但发球无力，而且由于没有以肩为轴，单靠小臂向前挥击又突然停止下来，而严重损伤肘关节，造成"网球肘"。同时，因为拍子结束在身体左前方靠近身体处，重心势必留在两脚间或后脚上，于是贻误了随球上网的良机。对于各种旋转球，如果动作不完整就会影响球的旋转，达不到发球的有效目的。解决的方法：徒手做发球的完整动作与对墙练习发球的完整动作，交叉练习，做几次徒手练习后接着做几次对墙的发球完整动作的练习。交叉做几组使其掌握完整的发球动作后，再到球场上做发球练习。使其动作定型。

(5) 下颌没有抬起

球抛向至高点时，下颌没有抬起来，或者随着击球动作下颌过早地低了下来，这都会影响击球效果。抬起下颌同击球动作是一致的，否则就会破坏击球动作的协调性，造成上体不稳，
击球不准。发球时，要求下颌随着抛球高高抬起，直到球被击出飞向对方场地为止。

(6) 两次发球力量相差悬殊

初学网球者在第一次发球失误后，心情特别紧张。在进行第二次发球时，由于紧张、急躁，结果是两次发球落点几乎相同，造成双误。或者是在第二次发球时过分谨慎，企图发"保险球"，结果因为两次发球力量相差悬殊，破坏了正常击球的动作结构，也造成了双误。出现这种情况时，其解决的方法是：一旦第一次发球失误，首先要镇静下来，稳定情绪，迅速分析失误的主因，进行心理调整；再次看看对方的站位，重新考虑该向何处发球。然后用适中的力量，几乎与第一次发球相同，不破坏正常击球的动作结构，稍加旋转，充满自信地进行第二次发球。在发球时，要相信自己，时刻想到自己经常能发出好球，做到这些就能避免双误。

辛吉斯发球

桑普拉斯发球

截

击

1. 截击球的基本取位

网前打法的截击球，其基本位置应该是站在对手可能回球范围之内的正中间。首先根据自己的进攻路线和球的深度，来预测对手返回来球的可能范围，然后朝着这个范围的正中央跑去取位。

为了能做到正确取位，最重要的是确认自己所击出球落在对方场中什么位置上，接着要看清楚对手跑到什么位置和以什么样的姿势去接这个球，此时才能大体上预测对手返回球的情况。如果按上述方法反复练习，相信可以自然而然地学会如何跑到网前占据理想的截击位置。

(1) 尽快地调整好拍面

在进行截击时，要绝对遵循的是：对着飞来的球迅速地调整好拍面。所谓调整，就是将拍子举在身体前面，而且要把拍面调整到来球轨迹的延长线上，然后以用空手接球的感觉去击球，就可以了。

(2) 上体要朝向侧面

调整拍面的同时扭转上体朝向侧面，右手持拍者正手截击向右侧转体、反手截击向左侧转体，身体不要展开，用拍面"砰"地一声去拦截球，此时还要记住夹紧腋下。

(3) 向前跨步

在击球的同时前脚要向前跨步，右手持拍者，正手截击跨左脚，反手截击跨右脚，这是为了增加击球力量。但是在近距离对攻截击的情况下，时间不充裕时不一定要向前跨步。

2. 截击球的要点

(1) 以截击前的一记进攻球，破坏对方接球的身体姿势平衡

截击之前的那一拍攻击，能否破坏对方身体姿势平衡，是截击球能否攻死对方的关键。如果这一板攻击球能按自己的战术意图打出的话，那么对于对手返回来的球就能有大体上的估计。例如球打得深，那么对手就很难打出有角度的球来。因此，对于截击球战术来说，策略之一就是首先破坏对手身体姿势平衡。

(2) 靠近网，防守范围缩小

基本上，如果能及时跑到网前来，对方回球的可能范围将变窄；相反，在底线僵持时，对方回球可能范围将变宽。也就是说，越靠近网，越会给对手造成困难。强调打截击球尽可能地靠近网，是因为可以根据球的情况，在网的上方打高位的截击球，还可以打出角度较大的球，这对截击成功起很大作用。

(3) 取基本位时靠近有球的一侧

朝着自己击球的方向跑进，然后在对方回球可能范围的中间处做一个垫步，两脚分开，身体重心置于中间，保持放松状态，便于截击时的最后移动。此时虽然站到了基本位置上，但如果对手向一边移动，自己也一定要相应地变化，向对手所在的方向移动。换句话说，所取的基本位不是最后的截击位置。由于对手有擅长的打法或什么习惯等等，最后还要在预测判断的基础上，再从自己所站的基本位置上移动到最后的截击位置去截击。

（一）正手截击

当在中场或网前判断对方的来球是一个平球，需用正拍截击时，身体重心移向右脚的同时，握拍的右手向后摆的动作很小，几乎不超过自己的身体（来球愈快，后摆动作愈小）。左手指向来球，保持身体平衡，左脚向右前上跨步的同时，右手挥拍迎击来球，拍头始终高于手腕，拍面对准来球，手腕固定，稍用肩和前臂动作向下击球，击球点在身体的右侧前方。动作简捷而有力，一般的截击球都是下旋切击，击球后的随球动作也很小，一般不超过中线，迎击很快的来球，若来不及左脚向前跨步，身体重心就必须移向右脚，从而保证向前的有利击球点，快速加力还击。

改进的大陆式握法

屈膝

保持你的脚与
肩同宽，重心
在前脚掌上。

开始转肩

重心在这
条腿上。

当你向前移动
时降低重心。

正手截击

向前一步，重
心移到前脚上。

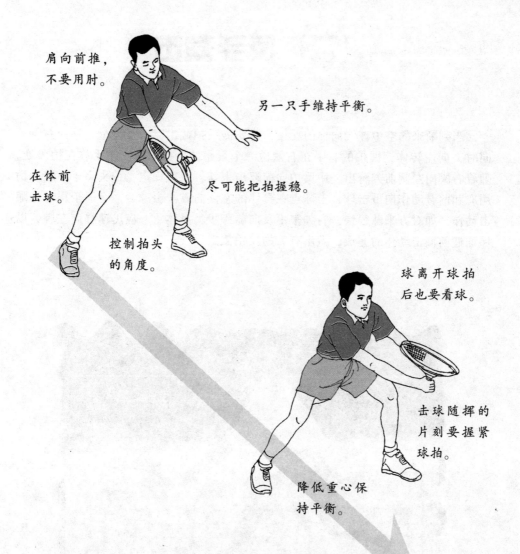

肩向前推，
不要用肘。

另一只手维持平衡。

在体前
击球。

尽可能把拍握稳。

控制拍头
的角度。

球离开球拍
后也要看球。

击球随挥的
片刻要握紧
球拍。

降低重心保
持平衡。

（二）反手截击

　　当判断来的空中球飞向你的反拍，需要做反拍截击时，身体重心移向左脚的同时，向左转体，握拍的右手在右侧做一个很小的后摆动作，左手放在拍颈处，随着右脚向左侧前方跨出，用反拍向前迎击来球，手腕固定，拍头高于手腕，稍用肩和前臂动作向下击球，击球点在身体的左侧前方。击球后，有一个很短的随击动作，如对方来球很快，右脚来不及向前跨步，身体重心应迅速移向左脚，以保证迎前截击动作的完成，做出有力的反拍截击。

时刻保持网拍拍形，
准备好向前出击。

在截击过程中，眼
睛时刻注视来球。

双脚分立保持平衡。

向下截击
球时，放
开另一支
撑手。

球的飞行

与正手截击球一样，反手截击球只有一次飞行，在球过网后的适宜高度接球，并朝对方场上回击。

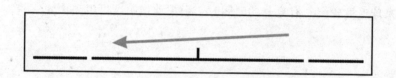

　　从截击球准备姿势开始，拍面向后上方并且高于预判击球点的位置引拍，同时上身侧转，反手截击球时右肩相当明显地转向球网，身体重心移至左脚上。截击球引拍动作幅度的大小取决于来球的速度：当来球速度较快时，引拍动作幅度小；当来球速度较慢、有充分的时间时，引拍动作幅度可以稍微大一些。

　　击球阶段包括迎向来球先后出现的向前和向下的动作。在击球之前已经弯曲的手臂向击球点伸展，腕关节在击球过程中保持固定。反手截击时，身体重心移至右脚上。身体重心转移后，马上迎向来球迈出一步。在大多数情况下，在击球后迈出的脚才落地。膝关节弯曲以配合和支持向前和向下的截击动作。左臂由于维持身体平衡的缘故，朝着与击球方向相反的方向做离开身体的动作。

缓冲击球

　　理解缓冲和改变球速的最好方法就是想象击球面在击球时回撤。一般认为，缓冲和改变球速的技能与"手感好"有关。但是，当有"天赋"运动员截击放小球时，他们会本能地使球朝向他们，确保击球点靠近身体，这样就可以利用身体缓冲击球。因此，不是说运动员手臂较软，而是运动员的身体比较柔软、有伸展性。

里奇的截击放小球表现出了很好的"手臂缓冲"。

高压球

高压球是指在头上用扣压的动作完成的一种击球方法。无论在单打或双打比赛时，当你冲到前场击球，对方常用挑高球调动你，使你无法靠近网进行有力地截击，因此你必须学会高压球技术。但高压球常常被人忽视，主要原因是许多人认为它只是一种力量的打法，而没有认识到它也是控制落点、直接得分的有效武器。在现代网球竞赛中，高压球技术的运用往往是被作为决定性的武器，不到不得已的情况，球员是不会给对方这种机会的。从心理角度来说，打高压球是一种战术，如果打成功了一个漂亮的高压球，顿时会精神大振，出现最佳的竞技状态，而使对方产生恐惧心理，总要提醒自己"要避开高压球"。对方若有这样的心理状态就打不出攻击性的球。反之，如果自己打失误一个完全可以得分的高压球，也会懊丧，还可能会影响其他技术的发挥，所以必须掌握好高压球技术，并把它作为战术，灵活运用到比赛中去。

　　高压球技术与截击球技术是密切相关的，在比赛中如果运用上网截击球技术时，就必须学会打高压球，否则对方就会用挑高球将你打败。若掌握了高压球技术，在上网截击球时，就不会顾虑对方运用挑高球技术。因此为了加强网前的攻击力，必须使截击球与高压球技术同步提高，从而提高网前的威力。

　　高压球可分为凌空高压球、落地高压球、前场高压球、后场高压球等几种，其动作与发球相似。

　　凌空高压球指的是不等来球落地，在空中就将其扣杀回去，此种球杀伤力极大，但击球者需具备良好的空中定向、判断能力及熟练而精准的脚步移动能力，对初学者而言有点儿勉为其难；落地高压则相反，一般是在来球虽高但飘忽不定或很难取到最佳点将其凌空击回去的情况下，让球落地反弹后再寻高点扣杀，初学者可以此为练习高压球的手段之一；前场高压球因为位置靠近网前，所以基本上是应该得分的，除非大意失荆州或技术实在太糟糕；后场高压球一般是在上网后被对方反击一个超身球（过头球）情况下的抢救性措施，虽看起来有些被动，但发挥好了一样可以重创对手乃至得分。

　　球的飞行

　　在近网处A，变换网拍角度，使你的高压球着地后朝你的对手头上方飞行。若在远处后场B位置，将球打得深一些。

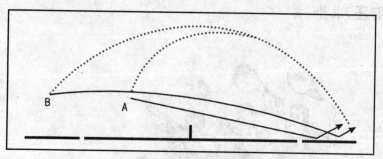

高压球的飞行路线

击球时，使右
脚向左脚摆动
呈剪刀状。

在身体前方，用
"拍长＋臂长"的
距离来接球。

击球后，用左
脚着地。

升空时，使
拍头落至投
掷位置。

后腿跳起，在
球掉下时，打
一个高压球。

高压球步法

因为交叉步法，体重经常支撑在右脚上，所以能够顺利移动身体。

一看到高缓球向上飞，首先后退右脚，身体转向侧面。

扣杀挑高球来打败对方的击球手法是扣球，为了进行有力的高压球，要让球先进行旋转找到击球点，沉着地搜寻对方的空白场地进行击球。

　　高压球，很容易受对方慢速度挑高球节奏的影响，遗失时机而打出不好的球。为了沉着地进行扣球，很重要的一点是要先于对方的球进入击球点。另外，击球后，一定要注意不要伤了腰部。

4
击球后注意不要过度弯曲上半身，应将脸转向正前方。

3
沉着寻找对方场地的空隙。击球时通过灵敏的腕部动作，能打出强有力的高压球。

2
判断击球点，回撤球拍等待进攻的时机。注意右膝不要过早完全伸直。

1
比对方的球更早找到击球点。

高压球时初学者易犯的错误

1. 不转体

初学者碰到高球，心理较慌，又急于打死对方，致使肩关节发紧，急于挥拍，产生平时"拍苍蝇"的习惯动作。所以要在做动作时，提醒学生放松心态，身体像发球时一样自然放松，用身体去击球，去控制球，而不是手臂发死力。

2. 站在原地不动

初学者没有体会到打高压球与发球的最大不同就是脚步需要及时调整，他们往往站在原地等球，导致击球总是不到位。所以平时要多训练脚步的移动，养成习惯。

挑高球

随着网球运动的日益发展，挑高球在网球基本技术中占有重要的位置，特别是目前双打比赛中，双上网发球抢攻战术的广泛采用和在单打比赛中网前战术比例的增加，作为对付网前进攻的重要武器之一的挑高球技术就更显得重要。它由过去单纯防守性的挑高球，发展成为进攻性的挑高球技术，不仅可以变被动为主动，而且可以直接得分。所以挑高球既是进攻手段，也是防守的手段，说它是进攻，是因为挑高球在当今被称为第三种超身球（即打到场地一侧使对方够不着球），可直接得分，并且它能在全场的任何地方挑出；说它是防守，是因为挑高球能使自己摆脱困境，从而赢得了时间，重新回到合适的击球位置。挑高球成功的关键是必须把球挑过对手的上方，使对手无法用高压球回击。

关键时刻准确地挑出巧妙的高球，会具有很大的破坏性：

（1）它能打破对手进攻的节奏和强硬的截击球。也就是说，若对手不断地强攻或上到网前打截击球，而且截击水平又高，有时就必须挑起高球，否则会被对手进攻型的球所压倒。

（2）它能赢得时间使你从被拉开的位置跑回有利的位置去回击对手的来球。在比赛中，常有受到具有巨大压力来球的威胁，即使能跑到位也不能完全控制好来球，这时也可挑出高球，借助高球来赢得时间，准确地回到有利位置。在这种情况下，球要挑得高而且深，给对手造成较大的麻烦。

（3）作为战术的一种手段，使对手从网前撤退，自己乘机上网，从防守转入进攻。这样跟着挑高球前进，对手对你在网前的攻击必将感到不自在，特别是挑到对手的反手方向，使其别扭地回球，给自己的有利回击创造条件。

（4）对手上网时，挑出高球，迫使对手后退，有时还要向上伸展去打蹩脚的高压球，使对手前后奔跑容易疲劳。

（5）以挑高球代替打通过对方阵地的球。若自己的反手较弱不容易打出好球，或觉得竞技状态不佳，控制不好自己打出的球，在这种情况下，切合实际的明智办法就是挑高球。

根据上述理由，在网球运动中，有必要学会并运用挑高球技术，来增进自己的球艺。

后摆动作

左手指向来球，并保持身体平衡。

采用东方式正手握拍法，并保持拍面敞开。

前腿屈膝，当从回拉动作开始摆动时，另一脚跟进。

击球动作

保持头部稳定，眼睛注视来球。

拍面略向后转以便将球拉高。但是后转角度不要太大，否则球会打得很短。

击球时，另一手辅助平衡。

屈膝的膝部在跟进动作时会使拉起动作更有力。

要 点

(1) 眼睛看球

挑防守性高球时，注意力很集中地看球是不太容易做得到的。一方面因为自己在尽力救球，另一方面是对手常常处在网前的有利位置，诱惑你分散注意力去看他。这时，你尽可能不要去管他，要全神贯注地把球打过网去，争取不失分。要想挑一个有效的高球，自己能做的唯一事情就是始终看着球，高高地将球挑向空中，记住空中是不会有对手的。

(2) 充分的后摆

高而且深的防守性挑高球要求一个长而流畅的击球动作，这就需要充分地引拍后摆和完善地随挥。如果一边向球跑一边把球拍拉引到后边，这样便进入了一个理想的击球姿势。充分地后摆才能做出完满的前挥动作，球拍后摆直到拍头指向身后的围墙，或者达到一般正、反手击球后摆的位置上。如果后摆过短，便可能使球软软地弹入空中而送给对手一个好机会。

(3) 瞄准中后场

挑高球到空中并不太困难，难的是击球力量要恰到好处，有一个好的落点。也就是说，挑出的高球最好使球落到对方场区近端线处。此外，挑高球还会受到风力的影响，因此，不论对手在什么地方，防守性挑高球都要瞄准场地的中间略偏于端线处，如果朝着角上挑高球，即使微小的偏差也会使球出界。

(4) 回到有利位置

使用防守性挑高球的主要目的是，使自己有时间回到有利击球的位置，让比赛能继续进行下去。因此打完球不要站在原地欣赏球的弧线，而应抓住这点宝贵的时间回到正确的位置上去，并准备应付对手的回击。如果遇到对手擅长打高压球，那么就得准备接他的扣杀，所以要提起脚跟站好。

(5) 挑高球的球路及高度

单打和双打挑高球球路不一样。理论上，单打时要打向靠对手反手拍的中央，对对手来说较难杀球或高截击。此外，从距离较长的意义说，对角线也符合，最忌讳的是打向对手容易杀球靠近正手拍直线方向的高球。

单打时要打向靠近对手反手
拍的中央，或距离长的对角
线；双打则击出对手前卫头
顶上方的直球为基本原则。

双打时，理论上是打向冲上网前选手头顶上的直球。若发球后选手上网速度
快，或守在球网的选手站在稍后面的位置（靠近发球线）时，也可以考虑打向对
角线，球的方向落点要看状况来判断了。

正手上旋高吊球

A. 举拍时要充分弯下膝盖在打击至后续动作时向上伸直。

B. 举拍时左肩要确实用力。

C. 以保持体重放在后脚的姿势由下向上挥拍抽球向上扬。

首先要盯住球，让对手冲上网前，再打击出去就有更佳的效果。然后，用正手拍举拍左肩用力，体重放在后脚（右手持拍就右脚）的姿势由下向上挥拍，抽球向上扬，举拍时膝盖要充分弯下，打击，完成后续动作时向上伸直弯曲的膝盖，展开挥拍的气势，这就是打上旋高吊球的要领。

反手上旋高吊球

A. 使用左手的力量挥拍。

B. 举拍时右肩要确实用力越过肩盯住球。

C. 保持体重放在后脚的姿势由下向上挥拍。

D. 举拍时要充分弯下膝盖在打击后续动作的过程向上伸直。

反手拍上旋高吊球也是相同秘诀，就是盯住球弯下膝盖看着球越过肩，再由下向上挥拍，施加球旋转力。

如果你是双手打反手拍，就比较能容易学会这一招。只要利用左手和向上伸直膝盖的力量就可以，单手打者如也是用打着地球打旋转球就没有问题，若学会这一招上旋高吊球，你的球技一定能一下子就提高到不可思议的程度。